Frédéric Mercey

La Peinture et la sculpture en Italie

Beaux-Arts

 Le code de la propriété intellectuelle du 1er juillet 1992 interdit en effet expressément la photocopie à usage collectif sans autorisation des ayants droit. Or, cette pratique s'est généralisée dans les établissements d'enseignement supérieur, provoquant une baisse brutale des achats de livres et de revues, au point que la possibilité même pour les auteurs de créer des œuvres nouvelles et de les faire éditer correctement est aujourd'hui menacée. En application de la loi du 11 mars 1957, il est interdit de reproduire intégralement ou partiellement le présent ouvrage, sur quelque support que ce soit, sans autorisation de l'Éditeur ou du Centre Français d'Exploitation du Droit de Copie, 20, rue Grands Augustins, 75006 Paris.

ISBN : 978-1975711979

10 9 8 7 6 5 4 3 2 1

Frédéric Mercey

La Peinture et la sculpture en Italie

Beaux-Arts

Table de Matières

La Peinture et la sculpture en Italie   6

Notes   28

La Peinture et la sculpture en Italie

De curieux calculs ont établi que, depuis les premiers temps de la renaissance, l'Italie avait dépensé à bâtir et à décorer ses églises une somme égale à celle que produirait la vente de sa superficie tout entière. Il n'est donc pas surprenant que, pendant près de trois siècles, ce pays ait été le sol classique des beaux-arts. Les germes qu'une latitude heureuse y avait déposés s'y trouvaient fécondés par la superstition des peuples et l'intelligent despotisme de souverains viagers qui ne voulaient pas mourir tout entiers ; la piété des uns, la politique des autres, la vanité du plus grand nombre, contribuèrent à la fois au rapide développement de l'art, qui leur dut bientôt une splendeur sans égale.

Les deux tiers des richesses d'un pays se trouvent d'ordinaire entre les mains des vieillards. En Italie, à Rome surtout, ces riches vieillards formaient l'aristocratie de la nation. Beaucoup étaient dans les ordres ; la plupart croyaient sincèrement. Habitants d'un pays où l'homme est naturellement passionné, et vivant à une époque de relâchement singulier, tous avaient beaucoup péché dans leur jeunesse, et avaient, sinon des crimes, du moins des fautes à se faire pardonner. Ils bâtissaient donc des chapelles et des églises qu'ils ornaient magnifiquement. Ces fondations remplaçaient chez les chrétiens les sacrifices expiatoires du paganisme. Les gens riches de la bourgeoisie imitèrent l'exemple des patriciens et des dignitaires de l'église. Au lieu d'immoler cent bœufs noirs sur l'autel des dieux infernaux, ils commandaient de belles statues ou de précieux tableaux qu'ils plaçaient dans l'église nouvellement bâtie. Les motifs et le but étaient semblables, le résultat fut différent. Le crime et ses expiations profitèrent surtout à l'art, et de ces sacrifices d'un nouveau genre il resta autre chose que la cendre des bûchers et les ossements des victimes.

Les profanes et les incrédules, car il y en eut de tout temps, secondaient d'une autre manière ce mouvement de fécondation. Chez eux, la vanité remplaçait la foi. Un banquier qui avait fait fortune élevait un palais qu'il décorait avec une magnificence royale. C'est à cette époque qu'Agostino Chigi fait construire le joli *casin* de la Farnésine et choisit Raphaël pour le décorer. Ainsi

Frédéric Mercey

le vaniteux caprice d'un banquier nous a légué les charmantes fresques de *Psyché* et de la *Galathée*.

De nos jours, il y a peut-être autant de bons croyants en Italie que du temps de Raphaël ; mais la plupart de ceux qui croient sont pauvres, et les riches n'ont pas trop de leur superflu pour empêcher les autres de mourir de faim. L'époque est aussi plus *raisonnable*. On l'a dit depuis long- temps, Luther a tué les arts en tuant les abus. On ne fait plus que de rares folies : les classes supérieures de la société s'observent, sont rangées, et au lieu des crimes et des gros péchés d'autrefois, elles n'ont que des peccadilles à expier. Il n'y a plus en effet que les pauvres diables qui empoisonnent ou qui tuent ; le crime a perdu sa grandeur, a dérogé et s'est fait peuple.

D'un autre côté, si la vanité a toujours son empire, elle est impuissante à créer les mêmes prodiges. Il y a bien encore dans Rome quelque riche Agostino Chigi qui bâtit des palais et dépense fort libéralement son immense fortune ; mais le faste, plutôt qu'un goût délicat, préside à la décoration de ces édifices. Est-ce la faute du fondateur ? Ne serait-ce pas plutôt une triste nécessité de l'époque ? Où trouver un Raphaël pour les orner de ses chefs-d'œuvre ?

La peinture, en effet, est à peu près morte en Italie ; Camuccini à Rome, Benvenuti à Florence, Appiani, Bossi et Sabatelli à Milan, sont les derniers peintres de ce pays qui aient obtenu une certaine vogue. L'Europe a entendu prononcer leur nom ; les Italiens les regardent comme de grands artistes. Benvenuti et Camuccini ont fait école, et comme ils étaient à peu près seuls, ils ont facilement trouvé moyen de s'enrichir ; mais leur réputation et leur fortune ne prouvent qu'une seule chose : la décadence de l'art et le mauvais goût du public. Appiani et Bossi, le copiste du Cénacle de Léonard de Vinci, ne se sont pas non plus élevés au-dessus du médiocre ; Sabatelli, mort il y a quelques années, est le seul des trois Milanais chez qui on ait remarqué des éclairs de génie.

Quant aux peintres que l'on appelle en Italie de second ordre, nous ne savons vraiment à quel rang les classer ; ils occupent ces espaces ternes qui s'étendent du médiocre au pire. A Milan, le nombre de ces peintres est considérable, et la plupart en sont encore à copier David et Girodet. MM. Hayez, Carlo Arrienti, Luigi

Bisi et Fermini se sont cependant séparés du gros de la troupe, et depuis quelques années imitent la nouvelle école française. MM. Hayez et Carlo Arrienti peignent l'histoire et le genre, MM. Bisi et Fermini le paysage et l'architecture. MM. Hayez et Arrienti, que leurs nombreux admirateurs placent en tête d'une nouvelle école lombarde et proclament les restaurateurs de la peinture milanaise, ne sont que de pâles imitateurs de la manière de MM. Scheffer, Delaroche et autres. Ils peignent comme eux des sujets dramatiques empruntés à l'histoire du moyen-âge, mais ils sont loin d'avoir le même talent d'exécution. Les *deux Foscari* de M. Hayez et l'*Azzo* et la *Parisina* de M. Carlo Arrienti ont eu cette cannée les honneurs du musée Bréra ; ces tableaux, exposés au Louvre, se seraient perdus dans la foule et n'auraient valu à leurs auteurs ni un éloge ni une critique. MM. Hesse, Scheffer et Devéria sont de beaucoup supérieurs à ces peintres du moyen-âge à Milan ; ils ont en outre le mérite d'être venus les premiers. Ce que nous venons de dire des peintres d'histoire et de genre peut s'appliquer aux paysagistes et aux peintres d'architecture ; si les premiers ont oublié Léonard de Vinci, Luini et Corrège, ces derniers se souviennent peu du Mantègna et de Canaletto, et certainement, au lieu de se traîner à la remorque de l'école française moderne et d'en suivre les capricieuses évolutions, ils eussent mieux fait d'imiter ces chefs de la vieille et magnifique école lombarde.

Bologne a ses peintres comme Milan. M. Pietro Farucelli est le plus renommé de ces artistes. C'est un homme d'une merveilleuse facilité qui peint dans la manière de Tiépolo ; disons-le, c'est plutôt un grand décorateur qu'un véritable peintre d'histoire. Bologne a de plus un grand nombre d'ouvriers de talent, car nous ne pouvons pas donner le nom d'artistes à ces peintres que M. Guizardi, l'étonnant pasticheur, a enrôlés sous sa bannière. L'art, pour eux, n'est pas même une honnête industrie ; c'est un métier de faussaire, où le plus habile est celui qui trompe le mieux. Non contents de pasticher les vieux maîtres, ils copient littéralement leurs compositions ignorées sur des toiles en lambeaux ou des panneaux vermoulus ; puis, quand ils ont soigneusement sali leur ouvrage, ils profitent de l'ignorance des connaisseurs de passage, russes ou anglais, pour vendre ces copies comme de précieux originaux. Beaucoup de ces étrangers sont dupes, mais beaucoup aussi ne sont trompés que parce qu'ils veulent bien l'être. N'est-ce pas une véritable bonne fortune que de pouvoir enrichir sa galerie de Saint-Pétersbourg ou de Londres de tableaux du Corrège, de Raphaël ou du Garofalo, qu'on a eus pour rien ?

A Florence, du moins, le culte de l'art est plus pur, et il n'y a de procès à faire qu'à la médiocrité des artistes. Benvenuti, le lourd et triste décorateur de la coupole de Médicis à San-Lorenzo, a été enseveli dans son triomphe ; il se repose sur ses lauriers et fait bien. Bezzuoli a d'abord timidement imité Gérard ; maintenant il cherche la manière précise, ornée, mais un peu vulgaire, de M. Delaroche, auquel il semble avoir dérobé ses derniers tableaux, mais surtout sa *Mort de Strozzi* MM. Benvenuti et Bezzuoli sont tous deux à la mode depuis un quart de siècle ; leurs admirateurs et leurs élèves sont nombreux, mais l'espoir de la peinture n'est pas là, et si Florence est peut-être la seule ville de l'Italie où cet art semble appelé à de nouvelles destinées, ce sera moins à ces artistes qu'à cette jeune école de dessinateurs qui remontent sévèrement aux grands et éternels principes de l'art, et qui s'inspirent à la fois de Masaccio, de Fra Angelico et de la nature, qu'elle devra sa résurrection. L'amour de la nouveauté les ramène au simple et au vrai, et déjà, parmi ces jeunes gens, on compte, de grands dessinateurs, en tête desquels nous placerons M. Carlo della Porta. Qu'ils deviennent aussi habiles coloristes qu'ils sont bons dessinateurs, et l'école florentine n'aura pas déchu.

Ces jeunes artistes, un peu intolérants comme la plupart des novateurs qui débutent, poussent sans doute le rigorisme trop loin. Il en est parmi eux qui regardent un voyage à Rome comme la plus périlleuse des épreuves, cette ville passant à Florence pour la corruptrice du goût. « Nous nous y perdrions, » disent-ils naïvement. Si le Bernin et son école, qui, dans le courant du dernier siècle, ont gâté la plupart des monuments de Rome, motivaient seuls ces craintes, nous les regarderions comme fondées ; mais il est tels de ces messieurs qui font remonter la décadence à Raphaël et à Michel-Ange, et qui redoutent jusqu'à l'influence des ouvrages de ces sublimes corrupteurs du goût, de ces chefs de l'école *matérialiste*, comme ils disent. Libre à eux de spiritualiser l'art ; souhaitons néanmoins qu'ils le tiennent toujours à la portée des sens, car nous croyons fermement que la peinture, tout en plaisant à l'esprit, doit, avant tout, satisfaire les yeux ; souhaitons aussi que des artistes d'un vrai talent renoncent à ce fatal système d'exclusion qui rendrait inféconds de beaux germes que le souffle vivifiant de la liberté peut seul développer qu'ils songent bien qu'ils tiennent entre leurs mains l'avenir de la peinture en Italie, et qu'ils se hâtent de se départir d'un rigorisme mesquin qui, au lieu des restaurateurs de l'art, ne ferait d'eux que les *cruscante* de la peinture.

Les novateurs florentins se sont donc éloignés de Rome avec le même empressement que d'autres mettent à s'en rapprocher ; la dégradation qui afflige l'art de la peinture dans cette ville, où jadis il était si florissant, pourrait seule leur servir d'excuse. Cette dégradation est inimaginable, et l'on ne peut s'en former une juste idée qu'en parcourant les salles nouvelles du Vatican, en voyant à quels hommes il a été donné de continuer l'œuvre de Raphaël. Les salles de la bibliothèque sont le monument le plus curieux de ce genre.

Ces salles sont décorées d'arabesques, et de peintures à fresque représentant les principaux évènements qui ont signalé la vie si agitée du pape Pie VII. Le sujet, comme on voit, ne manquait ni d'intérêt ni de grandeur ; l'artiste chargé de ce travail n'a trouvé là qu'une occasion de couvrir les murailles d'une suite de ridicules compositions bonnes tout au plus à servir d'enseignes au spectacle de Cassandrino. Ordonnance, dessin, coloris, tout est à l'avenant, et les allures de ces petits personnages d'un pied ou deux de haut sont tellement comiques, qu'il est impossible de ne pas éclater de rire devant les scènes les plus sérieuses d'un drame où un pape joue le premier rôle. Le très faible plafond de Raphaël Mengs, qui orne une de ces salles, gagne tellement à ce voisinage, qu'on le prendrait pour un chef-d'œuvre.

Les fréquentes expositions de peintures modernes qui ont eu lieu dans cette métropole des arts offrent un spectacle d'un autre genre, mais non moins singulier. L'hiver dernier, par exemple, nous vîmes à la porte du Peuple l'une de ces expositions payantes, au profit des indigents de la ville. Russes, Saxons, Suédois, Anglais, Suisses, Prussiens, Hongrois, Italiens, s'étaient empressés d'y envoyer leurs ouvrages, et, disons-le en passant, parmi ces tableaux venus en quelque sorte des quatre coins de l'Europe, il eût fallu chercher longtemps pour trouver, je ne dirais pas un chef-d'œuvre, mais une œuvre supportable. Quant aux Romains, on ne se figurerait jamais par qui ils étaient représentés dans ce congrès de tous les peuples par deux ou trois mauvais peintres de paysage et d'intérieur, et par trois femmes qui font des copies sur porcelaine, d'après Raphaël et le Corrège [1]. MM. Camuccini et Agricola ne laisseront donc pas d'héritiers.

M. Camuccini jouit toujours à Rome de la même célébrité que M. Benvenuti à Florence ; c'est le Raphaël du siècle, disent ses concitoyens ; nous le nommerions, nous, le David de l'Italie. M. Camuccini n'a été en effet que la doublure affaiblie du peintre de *Brutus* et des *Horaces*, dont il a naturalisé l'école par-delà les Alpes. En France, il se serait placé naturellement à la suite des Guérin, des Lethiere, des Meynier et des Menjaud ; à Rome, par ce temps de décadence et de pauvretés, il s'est trouvé au premier rang. M. Camuccini n'est, à proprement parler, qu'un artiste habile qui travaille raisonnablement ses ouvrages et vivement ses succès, et qui a eu autant de savoir-faire dans ses salons que dans son atelier. M. Camuccini est l'analogue de notre Gérard ; homme de goût avant tout, si son talent a paru contestable, les grâces de son esprit et le charme de ses manières l'ont fait ranger au nombre des plus aimables Romains. Un homme d'esprit, doué d'une certaine dose de talent, passe aisément auprès du vulgaire pour un homme de génie ; il n'est donc pas surprenant que les nombreux amis de M. Camuccini l'aient proclamé le premier des peintres de l'époque. A notre avis, cette réputation est quelque peu usurpée.

M. Camuccini, praticien exercé, dessinateur précis, et qui entend à merveille la partie matérielle de l'art, a débuté par faire d'excellentes copies des grands maîtres de l'école romaine. On cite de lui, dans ce genre, un véritable tour de force. La fameuse *Déposition de croix* de Michel-Ange de Caravage était au nombre des tableaux que la victoire avait mis entre les mains des Français et allait être envoyée à Paris. M. Camuccini en fit la copie en vingt-sept jours, et cette copie, d'une fort belle exécution, rappelait d'une manière frappante l'énergique grandeur et l'expression passionnée de l'original. M. Camuccini reproduisit avec un égal bonheur plusieurs des tableaux les plus renommés de Raphaël ; mais lorsqu'il puisa dans son propre fonds, il fut moins heureux, et ses grandes compositions, si vantées, sont de très médiocres ouvrages. *La Mort de César, la*

Mort de Virginie, Cornélie, mère des Gracques, le Banquet des dieux au palais Torlonia, et sept ou huit autres *grandes pages* de plusieurs centaines de pieds carrés, nous reportent, pour la manière et le choix des sujets, aux beaux temps de l'école de David. *La Mort de César* est le meilleur de ces tableaux, que le *Brutus condamnant ses fils*, de Lethiere, semble avoir tous inspirés. L'exactitude historique est à peu près le seul mérite de cette composition dont l'ordonnance est trop compassée. Rien de plus froid en effet que ce groupe des conjurés à l'œuvre ; rien de moins naturel que cette figure de César qui tombe en étendant les bras. Ce sont des acteurs qui répètent leur rôle derrière la rampe d'un théâtre, et l'on s'attend à ce que tout à l'heure de pompeux alexandrins sortiront de leur bouche. Le seul de ces personnages qui laisse un souvenir, c'est le faible Cicéron, ce type de l'irrésolution politique ; tandis qu'on frappe le dictateur, il reste assis dans sa chaise curule, n'osant s'opposer ni du geste ni de la voix à un assassinat qu'il déplore et dont il calcule déjà toutes les conséquences, mais surtout, les conséquences qui peuvent le toucher.

La Mort de Virginie, Cornélie, mère des Gracques, la Continence de Scipion, le Banquet des Dieux, sont de ces œuvres d'une médiocrité transcendante dans lesquelles on trouve peu à reprendre et encore moins à louer. Ce sont des scènes des tragédies de Campistron ou de La Harpe transportées sur la toile. L'ordonnance est convenable, le dessin correct, l'exécution irréprochable ; il n'y manque qu'une seule chose : la vie que le génie seul peut donner.

M. Agricola, l'un des élèves de ce vieux et fantasque Battoni, qui donnait des leçons de goût au cardinal de Bernis, et qui fit tant de bruit à Rome vers la fin du dernier siècle, a été le modeste rival de M. Camuccini. M. Agricola a commencé, comme son maître, par peindre des portraits, puis il se mit sagement à la suite de Raphaël et d'André del Sarto, et se fit le peintre des madones du XIXe siècle. Ces vierges, de M. Agricola, sont beaucoup trop mondaines ; ce sont de terrestres et coquettes beautés dans lesquelles il n'est pas possible de retrouver la mère d'un Dieu fait homme. M. Agricola est à Raphaël, peintre des madones de Foligno et du Baldaquin, ce que M. Camuccini est à Raphaël, peintre du châtiment d'Héliodore, d'Attila, ou de la bataille de Constantin contre Maxence. C'est un écho faible et détourné qui ne répète qu'un mot d'un discours.

Frédéric Mercey

A Milan, à Venise, à Florence et à Rome, j'ai consulté beaucoup d'hommes de goût au sujet de cette profonde décadence de l'art. Les Milanais me répondaient : Comment voulez-vous que, sous le gouvernement de proconsuls avares, méthodiques et froids, les arts fassent aucun progrès ? Les gens qui lésinent sur tout, qui font venir de Vienne leurs épingles et leurs boutons d'habits, n'ont guère de florins à dépenser pour acheter des tableaux. — La peinture, c'est du superflu, me disait un Vénitien, et c'est tout au plus si nos familles nobles ont le nécessaire. La grande affaire pour elles, c'est de ne pas mourir de faim, d'empêcher leurs palais de s'écrouler dans les canaux ; les maçons et les boulangers emportent la meilleure partie de leurs revenus. — Rendez-nous la liberté et les passions fortes, et nous aurons encore de grands artistes, vous disent les Bolonais. — Que nos grands seigneurs et nos banquiers soient moins avares, et nos académiciens moins intolérants ; qu'ils fassent un plus noble usage de leur amour-propre et de leur science ; que les uns préfèrent les jouissances de l'esprit et du goût à la satisfaction de *paraître* ; que les autres ouvrent la porte un peu plus grande à l'intelligence, et vous verrez renaître une nouvelle génération de peintres de génie, vous répètent les Florentins. Les Romains accusent leur gouvernement égoïste et leur pauvreté ; les Napolitains, le matérialisme des gens riches et la trop grande vivacité intellectuelle de leurs artistes, qui exclut la patience, vertu sans laquelle le génie ne peut prendre son entier développement. A toutes ces causes de misère et de stérilité, il faut en ajouter d'autres qui les dominent et qui ne sont pas moins réelles, l'espèce de décadence morale des divers peuples italiens, leur prostration chaque jour croissant, et la perte de leur liberté. — Si nous n'avons plus de grands peintres, disent tristement quelques amateurs fatalistes, c'est que ce n'est plus la *saison*. — Ce mot résume tout, et en le prononçant, on voit qu'ils comptent sur l'avenir, et qu'ils espèrent que la *saison* reviendra,

Les artistes qu'un amour-propre ridicule n'aveugle pas, et qui, pour avoir couvert quelques pieds carrés de toile, ne se croient pas des Michel-Ange ou des Raphaël, sont presque tous du même avis ; ils avouent franchement leur infériorité, et ils l'attribuent tout naturellement au manque d'emploi de leur talent. — On n'aime plus la peinture, disent-ils ; faut-il faire tant d'efforts pour contenter des indifférents ? — La désespérante supériorité de ceux qui les ont précédés dans la carrière, la comparaison écrasante des chefs-d'œuvre consacrés qui remplissent leurs galeries, les jettent aussi dans une sorte de découragement atonique qui tend encore à accroître cette paresse naturelle aux peuples méridionaux. L'entraînement du climat, la trop grande facilité de la vie, qui ne leur permet pas de connaître le prix du temps, le manque absolu d'émulation, le défaut d'amour pour leur art, qui pour eux n'est plus qu'un misérable gagne-pain, condamnent bientôt à la médiocrité ceux qu'un premier succès, un accident heureux avait un moment fait sortir de ligne ; ils songent moins à se satisfaire qu'à plaire à la foule, dont ils étudient les caprices et les grossiers instincts. Si chaque jour l'art de la peinture dégénère et se corrompt, si l'indifférence des gens riches et puissants, si le mépris des gens de goût ont pris la place des encouragements et des éloges d'autrefois, les artistes doivent s'en prendre plutôt à eux-mêmes qu'au système de gouvernement et au plus ou moins de libéralité et de goût de leurs patrons. Leur art, qu'ils n'aiment pas, les trahit ; le public, qu'ils méprisent, les abandonne.

Ce qui vient à l'appui de ces considérations, c'est que l'Italie, qui n'a plus de peintres, a encore des architectes et des statuaires ; ceux-ci ont pris leur art au sérieux et l'ont aimé avec passion ; l'art a répondu à leurs avances et leur a été fidèle. Ces architectes et ces statuaires sont de beaucoup supérieurs aux peintres, et parmi les statuaires il est des hommes d'un rare talent, nous dirions presque des hommes de génie.

Si nous nous occupons d'abord des architectes, nous conviendrons que les hommes qui ont bâti les théâtres de Gênes et de Naples, qui ont achevé le dôme de Milan, restauré la cathédrale de Pise, et qui à Rome relèvent de ses ruines l'église de Saint-Paul-hors-des-Murs, satisfont à certaines conditions de l'art. Ils ne manquent ni de fécondité, ni de science ; la connaissance approfondie des ressources et des secrets du métier leur a été transmise traditionnellement, et cependant ce sont plutôt des ouvriers savants que des génies supérieurs. S'ils plaisent, c'est moins à la sublimité de leurs conceptions qu'à d'ingénieuses combinaisons et à d'heureux tours d'adresse qu'il faut attribuer leur succès.

Prenons pour exemple la restauration ou plutôt la reconstruction de Saint-Paul-hors-des-Murs : c'est l'ouvrage capital du moment.

On sait que cette vieille basilique, dont Constantin avait jeté les fondements et qu'Honorius avait achevée, fut détruite par un incendie, le 25 juillet 1823, la veille de la mort du pape Pie VII. Cent trente-deux colonnes soutenaient, non pas la voûte, mais la charpente de cèdre qui portait le toit de l'église. Quatre rangées de vingt colonnes chacune divisaient la basilique en cinq nefs ; les quarante colonnes de la nef centrale étaient les plus précieuses. Vingt-quatre de ces colonnes provenaient du mausolée d'Adrien, aujourd'hui château Saint-Ange ; chacune d'elles était formée d'un seul bloc de marbre violet d'Afrique. Le malheur a voulu que la charpente enflammée de la toiture, en s'abîmant, ait justement rempli cette nef du milieu et une partie des nefs latérales. L'ardeur d'un pareil foyer calcina et fit éclater ces belles colonnes. Celles qui décoraient les nefs latérales souffrirent également ; la plupart, quoique fendues du haut en bas, étaient restées debout comme par miracle ; l'église ne présentait plus qu'une masse de ruines, mais l'ensemble de ces ruines était des plus imposants. On eût pu déblayer l'édifice des cendres et des débris de charpente qui l'encombraient, laisser debout ces colonnes à demi rompues à travers lesquelles on entrevoyait des pans de murs démantelés et toute la tribune revêtue de mosaïques gigantesques que l'incendie avait respectées. On aurait eu ainsi une ruine chrétienne de l'effet le plus sévère et le plus grandiose, une digne rivale des ruines païennes de la vieille Rome ; on a mieux aimé tout abattre pour tout reconstruire, la tribune seule est restée dans son état primitif. Cette réédification d'une église tout-à-fait inutile et située dans une plaine empestée par le mauvais air n'est pas heureuse [2]. Les vénérables mosaïques de la tribune (elles dataient de 440), légèrement altérées par la flamme, ont été remises entièrement à neuf, et ont pris une fraîcheur et une sorte de vernis moderne qui suffiraient seuls pour détruire l'ancienne harmonie de l'édifice et pour lui ôter cette physionomie austère et chrétienne qui le distinguait. Les cent trente-deux colonnes de marbre antique sont remplacées par autant de colonnes de granit de Lombardie. Cinquante ou soixante de ces colonnes sont déjà debout, entre autres les colonnes maîtresses à chapiteaux doriques de la nef centrale. Ces colonnes occupent, il est vrai, la place des belles colonnes de l'ancienne basilique, mais elles ne les remplacent pas. Le fût, d'un gris bleuâtre et poli de la veille, les chapiteaux en marbre blanc, d'un travail un peu sec, n'auront ni l'élégance, ni la légèreté, ni le fini des marbres antiques ; nous doutons même que leurs proportions soient parfaitement semblables, et pourtant chacune de ces colonnes coûte des sommes énormes. Les voûtes en plein cintre qu'elles supportent sont construites de grands blocs de marbre blanc, comme dans l'ancien édifice. Ces voûtes, courant de chapiteaux en chapiteaux, étaient une innovation dans les premiers temps du christianisme où cette basilique fut construite, et sans doute une innovation religieuse. L'arc remplaçait la ligne droite de l'entablement des temples grecs ; c'était un premier acheminement vers l'ogive. Lorsque l'on débattit devant le pape Léon XII le projet de reconstruction de la basilique, il fut question de remplacer ces arcs par un entablement fort simple, qui eût été moins dispendieux ; mais les architectes tinrent bop, et ils eurent raison.

Pourquoi n'ont-ils pas montré une égale fermeté lorsqu'on a résolu de recouvrir, par des plafonds ornés de rosaces et de dorures, les cinq nefs de la basilique ? Si l'on voulait absolument masquer la nudité des énormes poutres qui supportaient la toiture, et qui donnaient à l'ancien édifice quelque chose de si austère et de si religieusement sombre, pourquoi n'ont-ils pas insisté pour que ces plafonds fussent voûtés ? Ces lambris tout plats, ornés de rosaces et de caissons dorés, diminueront singulièrement la grandeur de l'édifice et lui donneront l'aspect coquet et mondain des églises des Jésuites et de Sainte-Marie-Majeure ; on peut déjà juger de cet effet par le plafond de la tribune, qui est achevé. Cette faute est capitale, un architecte de génie ne l'eût pas commise ; un architecte de génie n'eût pas, du reste, voulu copier un monument ; il en eût construit un autre d'après ses plans.

Il n'est pas moins vrai que cette église moitié ruine, moitié neuve, est aujourd'hui l'un des monuments les plus curieux de l'Italie. Comme on travaille ici de tradition, et que la partie technique de l'art, que ses *moyens*, en un mot, sont les mêmes qu'il y a trois siècles, on peut se figurer qu'on assiste à la construction de quelqu'une de ces magnifiques églises de Rome, de Saint-Pierre, d'Ara-Coeli, ou de Saint-Jean-de-Latran. Voici de ce côté les ateliers des charpentiers et des menuisiers où l'on travaille les énormes

Frédéric Mercey

poutres de sapin qui doivent soutenir la toiture et les bois sculptés des plafonds ; sous ces hangards, les mouleurs et les marbriers sont à l'ouvrage ; dans l'un, on scie les marbres et les granits échappés au feu, on sépare les parties calcinées et cariées des parties saines qui serviront à lambrisser les autels ou à orner les murailles de pilastres et de colonnettes ; dans un autre, on polit les marbres sciés ou les colonnes nouvellement débarquées : ces colonnes de granit d'un seul morceau sont extraites des carrières de Baveno sur le lac Majeur, non loin des îles Borromées. Du lac, elles passent sur le Naviglio-Grande, et du Naviglio-Grande dans l'Adriatique ; elles font ensuite le tour de l'Italie méridionale, et remontent le Tibre, sur les rives duquel on les débarque à deux cents pas de l'église en construction. Ces colonnes, revêtues de cordes pour éviter les avaries et transportées sur des rouleaux, remplissent des hangards où l'on s'occupe à les polir. Il faut près de trois mois pour polir une seule colonne, et malheureusement, comme nous l'avons dit tout à l'heure, le ton de ces granits est d'un gris-bleu un peu cru que le vernis du temps pourra seul adoucir.

L'atelier des sculpteurs n'est pas le moins curieux ; on y termine plusieurs colosses en marbre blanc de vingt-cinq à trente pieds de haut, et qui n'ont guère que le mérite de la masse. Là nous avons été témoins d'un spectacle tout-à-fait propre à l'Italie : des galériens travaillaient le marbre sous la direction d'un maître sculpteur, et le travaillaient avec talent ; mais néanmoins ce n'était là que de la sculpture de décoration. Le gouvernement romain ne peut entreprendre de si grands travaux qu'en embrigadant un grand nombre de ces forçats avec les autres ouvriers, qui les accueillent sans répugnance. Grace à ce concours, le prix de la main-d'œuvre devient presque nul. Lors de ma visite à Saint-Paul-hors-des-Murs, il y a quelques mois, trois cents ouvriers environ y étaient employés, et cependant cette restauration, commencée il y a quinze ans, marche fort lentement ; avant d'être achevée, cette église aura vu passer bien des Papes.

Quelqu'imparfaits que soient ces travaux, ils ne sont possibles qu'en Italie, et peut-être à Rome seulement, parce qu'à Rome seulement ils peuvent être en quelque sorte exécutés gratuitement. Ces colonnes, en effet, sont données par un souverain [3], ces marbres par un autre. Ceux qui ne peuvent faire don de matériaux si précieux contribuent par des envois d'argent, de sorte que cet édifice, qui, achevé, représentera peut-être une valeur de près de trente millions, n'en aura pas coûté cinq au gouvernement romain, et ces cinq millions, il aura mis cinquante ans à les dépenser. Ajoutons encore qu'on ne trouve qu'à Rome des forçats qui sachent travailler le marbre, et des sculpteurs et des architectes qui veuillent bien employer ces forçats, et vivre en quelque sorte fraternellement avec eux. Remarquons enfin que par-delà les Alpes seulement on est encore assez artiste pour faire une splendide folie de ce genre, et préférer les plaisirs du goût au *raisonnable* et à *l'utile*.

En Italie, on est architecte par tradition, et c'est aussi d'après certaines règles traditionnelles qu'on y taille le marbre. Comparés aux chapiteaux des colonnes antiques, les chapiteaux des modernes colonnes de Saint-Paul-hors-des-Murs paraissent secs ; les arêtes en sont aigres et dures, et l'ensemble des ornements manque de moelleux et de largeur. Comparés aux ouvrages de nos marbriers, ces chapiteaux seraient des chefs-d'œuvre, et l'exécution en paraîtrait savante et irréprochable. Plus heureux que les peintres qui paraissent avoir oublié jusqu'aux procédés matériels de l'art, et dont la touche est aussi pauvre et le coloris aussi terne que l'imagination est stérile et la conception misérable, les statuaires et les sculpteurs italiens ont du moins gardé *la main* ; ils modèlent le marbre comme d'autres la cire et l'argile.

Cette habileté pratique, cette adresse à tailler le marbre a trompé beaucoup d'ouvriers de talent qui, du moment qu'ils savaient copier une statue, se croyaient statuaires. Ces copistes, fussent-ils excellents, eussent-ils même égalé l'original, n'ont droit qu'à une place tout-à-fait secondaire. — Tout homme qui en suit un autre ne peut passer devant, disait Michel-Ange à Baccio Bandinelli, ce présomptueux copiste du Laocoon, qui se posait comme son rival.

Michel-Ange, esprit supérieur et caustique, s'amusa plus d'une fois des prétentions de ces habiles tailleurs de marbre. Un jour, tandis qu'il travaillait au tombeau du pape Jules II, il entendit ses ouvriers qui se moquaient d'un de leurs compagnons. Celui-ci, en achevant d'équarrir un bloc de marbre et tout satisfait de la facilité avec laquelle il en faisait voler les éclats, prétendait qu'avec un peu de patience il serait tout aussi grand sculpteur qu'un autre, que le seigneur Buonarotti peut-être. Quelques-uns de ses camarades riaient de ses prétentions, d'autres s'en indignaient, regardant ses paroles comme autant de blasphèmes.

« Cet homme a raison, dit Michel-Ange d'un air fort grave, en s'approchant de l'ouvrier : je reconnais à sa manière de tailler le marbre, qu'il peut être aussi habile statuaire que moi ; il a besoin seulement de quelques conseils, et je vais les lui donner. »

En effet, tout en remontant sur ses échafauds et en se remettant à l'ouvrage, il crie à l'ouvrier d'enlever tel morceau du bloc de marbre qu'il a entre les mains, de pousser de ce côté le ciseau à telle profondeur, d'arrondir et de creuser telle partie, de laisser telle autre saillante. L'ouvrier fut conseillé ainsi tout le jour, et le soir, il arriva que notre manœuvre avait achevé une très belle ébauche.

Eh bien ! vous voyez que cet homme avait raison, dit Michel-Ange à ses ouvriers émerveillés : quelques indications ont suffi pour développer son talent naturel ; maintenant, il peut faire son chemin. » L'ouvrier se jeta aux pieds du maître, en s'écriant. « Quelles obligations ne vous ai-je pas ! me voilà donc sculpteur ! » Le lendemain, il essaya de travailler seul, et il fut bien surpris de voir qu'il était resté tailleur de pierre comme auparavant.

En Italie, de nos jours, beaucoup de ces tailleurs de marbre qui se croient de grands sculpteurs, n'ont pas même reçu les conseils d'un homme de génie ; ceux qui sortent de ligne et qui, à tort ou à raison, paraissent plus sûrs de leur fait, ont étudié sous Thorwaldsen ou Canova, qui, l'un et l'autre, ont fait école, mais qui, en général, n'ont laissé que de médiocres élèves. L'école de Canova cherche le gracieux, celle de Thorwaldsen l'énergie. Pompeo Marchesi à Milan, Bartolini à Florence et Tenerani à Rome, sont les héritiers les plus directs du talent de ces deux premiers sculpteurs de l'époque. Finelli, l'auteur d'un fort joli groupe de *l'Amour et de Psyché*, et d'une statue de *l'Archange Gabriel*, le Florentin Ricci et Baruzzi, de Bologne, le gracieux sculpteur de *Salmacis*, ne viennent qu'après eux.

Pompeo Marchesi, le contemporain et l'imitateur de Canova, vit aujourd'hui sur son passé. Accablé d'honneurs, de commissions et de travaux de toute espèce, il en prend fort à son aise, ne travaille qu'à ses heures et paraît plus glorieux de ses élèves que de ses ouvrages. Fraccaroli, de Vérone, et Ferrari, de Venise, sont les plus distingués de ces jeunes sculpteurs ; ce sont eux qui chaque année peuplent les salles du musée Bréra. Fraccaroli, l'auteur d'*Achille blessé*, de *Clytie*, de *Cyparisse* et d'une fort belle statue d'*Ève*, promet de devenir un statuaire fort remarquable, et, tout jeune qu'il est, se montre peut-être supérieur au vieux Pompeo. En lui et en son émule Ferrari repose l'espoir de la sculpture en Italie, c'est du moins ce que répètent tous ceux qui s'occupent d'art de Venise à Milan.

Bartolini est de cette vieille race de sculpteurs italiens dont le ciseau fécond a créé des armées de statues. Il se distingue en cela des sculpteurs de l'école florentine, toujours si sobre et si sévère, Jean de Bologne excepté. Son atelier est un véritable musée ; les projets de monuments, les bas-reliefs, les groupes et les statues à l'état d'ébauches, les bas-reliefs, les groupes et les statues achevés y sont en grand nombre, et les bustes s'y comptent par centaines. Toutes les célébrités européennes de l'époque semblent s'y être donné rendez-vous ; l'Allemagne, l'Angleterre, la Russie et la France y ont d'illustres représentants. Lors de la visite que nous lui fîmes, Bartolini terminait en marbre les bustes du maréchal Maison, de la princesse Mathilde, fille du roi Jérôme, de Mme Thiers, du duc de Sutherland et de plusieurs autres personnages de l'aristocratie anglaise, et il achevait les ébauches de Liszt et de Mme d'Agout, déjà frappantes de ressemblance.

Bartolini excelle à représenter des affections morales ; il fait surtout vivre ses personnages par la pensée. Il s'attache aux moindres particularités qui peuvent lui faire connaître à fond le caractère de l'homme qui va poser devant lui, et il ne se met à l'ouvrage que lorsqu'il a achevé cette première étude morale qu'il regarde comme indispensable. Je l'ai vu entrer à ce sujet dans des détails singuliers, en apparence fort minutieux, et dont lui seul pouvait comprendre l'importance. L'exécution des bustes de Bartolini est large, facile et parfaitement vraie. Il sait faire la chair, ce que Pampaloni, son rival de Florence dans la sculpture des bustes, paraît absolument ignorer. Il y a cent palmes de différence entre Bartolini et Benvenuti, et c'est en comparant leurs productions que l'on voit sur-le-champ de combien la sculpture l'emporte en Italie sur la peinture. La jeune école pourra seule remettre les choses sur le pied d'égalité quand elle aura produit et se sera fait accepter.

Frédéric Mercey

Quelques-unes des nombreuses statues de Bartolini sont devenues populaires. L'une d'elles, *l'Espérance en Dieu*, a été copiée mille fois en marbre et en bronze, et, reproduite par le moule, on la rencontre dans toute l'Europe. *L'Espérance en Dieu* de Bartolini est figurée par une jeune fille à genoux, les mains jointes et les yeux levés au ciel. L'idée, comme on voit, n'a rien que de fort ordinaire ; mais l'artiste a rendu avec un singulier bonheur, dans chacune des parties de cette jolie statue, le passage de l'enfance à l'adolescence. La pose d'ailleurs a un grand charme dans sa parfaite simplicité, et l'expression du visage est tout-à-fait angélique ; on dirait une statue de Canova, mais les formes en sont moins rondes et en même temps moins grêles.

On peut voir à Paris, dans la charmante collection de M. Portalès, une autre statue de Bartolini, qui serait la meilleure et la plus gracieuse de ses productions, si les jambes étaient plus correctes : c'est la statue d'un jeune vendangeur. Bartolini a bien senti les défauts de cette statue, car il en achève une copie dans laquelle il s'est efforcé de les corriger. « Je donnerais tout au monde pour que celle-là fût plus parfaite que celle de Paris, nous dit-il. — Et pourquoi ? Pour faire niche à M. Portalès, dont je ne suis pas content. » Qui a pu causer ce mécontentement de l'artiste ? Bartolini nous l'a laissé ignorer.

Sa statue de la *Junon*, destinée à servir de pendant à cette adorable statue de *la princesse Pauline*, « faite par un temps chaud, » comme le disait ingénuement l'aimable princesse quand on s'étonnait de sa complète nudité, est une œuvre à peu près manquée. Cette statue est couchée sur l'un des côtés, comme celle de Canova ; mais l'ensemble en est médiocre et prétentieux : le bras levé est détestable, le ventre est pauvre, flasque et d'une vérité par trop vulgaire ; c'est une femme qu'une couche a maigrie et déformée, et qui semble avoir fait le pari de tenir le plus longtemps possible le bras levé, le reste du corps étant couché.

Les biographes du Barroche nous racontent que ce peintre ne manquait jamais de demander au modèle qui posait devant lui s'il se trouvait bien à son aise, l'aisance lui paraissant inséparable de la grâce. Je doute fort que Bartolini ait jamais fait pareille question au modèle de la *Junon*, qui n'aurait pas manqué de lui répondre : « Cette hanche sur laquelle tout le corps pose me fait un mal horrible, et, s'il faut que je tienne une minute de plus mon bras levé et tendu de cette façon, je vais m'évanouir.

Bartolini terminait, en même temps que la *Junon*, un grand tombeau dont le bas-relief nous a paru compliqué et peu frappant. Cependant la tête de l'enfant souffrant, aux lèvres duquel une femme présentait une coupe, sans doute la coupe de la santé, est à elle seule un petit chef-d'œuvre. Bartolini excelle dans ces détails expressifs. Son exécution est puissante, sa pensée énergique, et cependant nous ne voyons pas qu'il ait rien produit d'un style bien relevé.

La statue colossale de Napoléon pourrait faire exception parmi les œuvres de l'artiste ; mais ce n'est là qu'un projet : Bartolini attendait la décision des autorités de la ville d'Ajaccio pour savoir s'il le mettrait à exécution. Si cette décision est favorable, qu'il n'oublie pas d'étudier d'une manière plus sévère les draperies et de dégrossir les extrémités inférieures de cette statue, beaucoup trop *carrée par la base*, pour nous servir de l'une des expressions favorites du héros.

Le style de Bartolini est à la fois gracieux et sévère, mais peut-être un peu lourd. L'artiste a trop souvent oublié cette belle loi des deux forces que les grands sculpteurs grecs ont si heureusement appliquée à l'ensemble du corps humain et à chacune de ses parties : la loi de la force active, en vertu de laquelle ces parties agissent et se meuvent, et la loi de solidité, qu'aujourd'hui nous appellerions de gravité, en vertu de laquelle ces parties posent et sont soutenues. La première de ces lois conduit à l'élégance et à la légèreté, la seconde à la force et à la grandeur. Bartolini, quoique cherchant la grâce, ne semble guère préoccupé que de la loi de solidité ; il l'exagère trop souvent et arrive à la lourdeur, comme dans son *Napoléon*, dans sa *Junon* et même dans son *Jeune vendangeur* dont les jambes paraissent trop fortes, et dont l'attitude n'a pas cette légèreté pétulante et joyeuse qui accompagne le commencement de l'ivresse. Plusieurs de ses bustes nous ont aussi paru taillés trop en force ; celui de la princesse Mathilde, fille du roi Jérôme, par exemple. L'ampleur et la liberté du travail nuisent à la parfaite correction des formes un peu vulgarisées, et qui ne rappellent que d'une manière fort éloignée la gracieuse élégance du modèle. *L'Espérance en Dieu* est peut-être la seule statue de

Bartolini qui nous paraisse irréprochable ; néanmoins ce n'est pas encore là du grand style [4].

On a dit que les artistes se peignaient dans leurs ouvrages ; appliquée à Bartolini, cette remarque ne manquerait pas de justesse.

Bartolini est un gros petit homme d'une nature forte et trapue ; ses cheveux rudes commencent à grisonner, et il doit avoir dépassé la cinquantaine. Sa physionomie, comme tout l'ensemble de sa personne, a plus d'expression que de distinction. Son œil est vif et plein de feu, ses gestes sont brusques et énergiques, et sa tenue nous a paru singulièrement négligée. A voir dans son atelier ce petit homme en blouse bleue, le marteau et le ciseau à la main, s'escrimant contre un bloc de marbre dont il détache de larges éclats, et cela tout en causant avec une certaine bonhomie brusque et parfois mordante, se plaignant de l'avarice de l'un, de l'insolence de l'autre, de la sottise du plus grand nombre, vous diriez un ouvrier spirituel, et vraiment le sculpteur florentin n'est souvent pas autre chose. Deux ou trois fois cependant il a été un statuaire de génie.

Tenerani, l'élève le plus distingué de Thorwaldsen, a égalé son maître s'il ne l'a pas surpassé. Le style de ses faciles et gracieuses productions se rapproche plutôt de la manière de Canova que de celle du sculpteur suédois. C'est un artiste sans *furie* ; mais s'il n'a pas la fougue de Bartolini, il en a l'abondance et la merveilleuse adresse. Tenerani n'a pas non plus les rudes dehors du Florentin. C'est un homme d'une cinquantaine d'années, d'une taille élevée, de manières douces, timides même, et à la tenue virgilienne. Il y a du reste, dans ses compositions, quelque chose du feu contenu et de la sage abondance qui distinguent les ouvrages de ce prince des poètes romains. Ses conceptions sont ingénieuses et variées, ses personnages noblement et naturellement dessinés ; leurs attitudes se distinguent par la vérité et l'animation ; les draperies qui les recouvrent sont d'un grand style et bien jetées. L'été dernier, lorsque nous visitâmes ses ateliers de la place Barberini, Tenerani achevait un charmant bas-relief d'Eudore et de Cymodocée, commandé par M. de Châteaubriand lors de sa prospérité, et dont l'illustre écrivain se proposait, je crois, de faire hommage à Mme Récamier. Le sculpteur a choisi le moment où les deux victimes amenées dans l'arène vont être livrées aux lions. Leur pose est pleine d'abandon, de résignation sainte et d'exaltation sans emphase. Tout en s'élevant à la haute et virginale pureté de son sujet, l'artiste a su donner humainement et avec un rare bonheur, par l'angélique suavité des formes, par l'étreinte ardente et dernière de ces victimes purifiées, par l'entrelacement quelque peu profane de leurs beaux corps à demi nus, une sorte de sublime avant-goût des voluptés célestes auxquelles ces amans martyrs sont réservés. Dans l'un des angles du bas-relief, un bourreau lève la grille de la cage dans laquelle rugissent des lions prêts à s'élancer sur les victimes. Le torse de ce bourreau eût fait honneur à Canova.

Puisque nous venons de prononcer encore une fois le nom de ce roi des statuaires modernes, nous nous permettrons de dire ici que son influence se fait beaucoup trop sentir chez tous les sculpteurs italiens de l'époque actuelle, même chez ceux qui se placent au premier rang. Bartolini et Tenerani ont tous deux un talent prodigieux, tous deux paraissent avoir fait connaissance avec la nature ; mais ce n'est pas toujours chez elle, c'est plutôt en visite dans l'atelier de Canova, qu'ils semblent l'avoir rencontrée.

On nous a montré, dans l'une des salles du musée de sculpture de la villa Médicis, un admirable torse, provenant du fronton du Parthénon et attribué à Phidias, que M. Ingres a fait mouler. La chair de ce torse est palpitante ; les muscles, modelés par grands méplats, paraissent mobiles et se relient aux attaches avec une grandeur et une souplesse infinies. Près de ce fragment, nous avons vu la statue à demi drapée d'une femme couchée, moulée comme ce torse sur le marbre enlevé au même fronton. Quelle *morbidesse* singulière dans ces chairs souples et ondoyantes ! quelle admirable vérité dans ce sein qui se rassied ! quelle précision et en même temps quelle largeur dans ces plis de la robe si achevés et qui cependant ne devaient être vus que d'une distance de cinquante pieds ! Ce sont ces précieux morceaux et les marbres grecs, statues et bas-reliefs, de la villa Albani que l'école sculpturale moderne devrait surtout étudier. M. Bartolini et Tenerani sortent de ligne, il est vrai, mais ils ne paraissent pas cependant s'être assez pénétrés de ces chefs-d'œuvre, d'une bien autre excellence que les productions de la statuaire moderne. Les succès récents et la gloire encore présente de Canova ont trop d'influence sur leur manière de sentir et d'exprimer, trop d'empire sur leur volonté. C'est un joug qu'ils auront peut-être peine à secouer, car, pour l'un et l'autre, il est déjà un peu tard.

Ces réflexions sont surtout applicables aux grands ouvrages de Tenerani. Le *Saint Jean* colossal qu'il achève pour une église de Naples [5] n'est-il pas d'un style trop calme ? Et quoique l'ensemble de la statue ne manque pas de noblesse, cette majesté n'est-elle pas un peu bourgeoise et par trop débonnaire ? Le *Vulcain*, est plus énergique : c'est une statue sentie, et cependant l'artiste a peut-être été encore trop préoccupé de la grace ; à force de caresser son marbre et d'en abattre les angles, il a enlevé à son œuvre quelque chose de cette rudesse qui convient au dieu boiteux des forgerons. En revanche, sa grande *Descente de Croix* est un morceau de premier ordre et le plus énergique peut-être qui soit sorti de son atelier. On dirait un groupe de Jean de Bologne, mais étudié, sévère et touchant.

Cette horreur que l'école de Canova, et en général l'école moderne, montre pour les angles, part d'un principe raisonnable ; mais, poussée à l'extrême, elle conduit aux formes rondes, gracieusement affectées, et à la mollesse.

Canova a été un statuaire du premier ordre, arrivant surtout à la suite de la détestable école du Bernin. Sa *Vénus* du palais Pitti, son *Persée*, ses *Lutteurs* et son *Lychas* sont d'admirables morceaux. L'idée du Lychas est ingénieuse : le malheureux envoyé de Déjanire s'attache au marbre de l'autel, mais il est dans les bras d'Hercule, et ces bras offrent un si prodigieux développement de vigueur, et l'infortuné qu'ils étreignent est d'une beauté si frêle, qu'on le voit déjà tourbillonner sur l'abîme. *Thésée vainqueur du centaure* est le chef-d'œuvre du statuaire vénitien [6]. Ce chef-d'œuvre n'est cependant pas complet. La figure du Thésée manque de puissance et d'énergie ; on a peine à comprendre que ce combattant vulgaire triomphe d'un si terrible adversaire. En revanche, le centaure est superbe. Il est à demi renversé, son ventre touche la terre, sa tête tombe en arrière, ses pieds s'agitent convulsivement, et le poison de la douleur court dans chacun des muscles et dans chacun des nerfs de sa croupe frémissante. C'est le centaure vaincu d'André Chénier :

L'insolent quadrupède en vain s'écrie, il tombe,
Et son pied bat le sol qui doit être sa tombe.

On assure que Canova, voulant exprimer toutes les nuances et les dégradations de l'agonie et prendre sur le fait ce passage de la vie à la mort, fit expirer lentement sous ses yeux un beau cheval. La perfection de cette magnifique et singulière statue rend cette anecdote vraisemblable. Ce centaure est bien supérieur aux lions si vantés du tombeau de Clément XIII (Rezzonico.)

Canova, dans ces compositions si diverses, brille surtout comme poète, comme homme de délicate et puissante imagination ; mais, considéré sous un autre point de vue et comme réformateur, Canova, malgré son immense talent, n'a peut-être pas mérité toute l'importance qu'on a voulu lui donner. Il a pu, il est vrai, accomplir dans la sculpture cette révolution que Raphaël Mengs, beaucoup trop décrié aujourd'hui, avait tentée dans la peinture. Il a refait l'antique, mais sans grandeur et beaucoup trop joli ; aussi, nous l'avouerons, nous avons peine à distinguer ses Vénus, ses Nymphes, ses Génies et ses Grâces mignonnes, des froides et coquettes divinités du Parnasse de Mengs.

Bartolini et Tenerani sont de l'école de Canova, en ce sens qu'ils ont suivi tous deux l'exemple de ce maître, qu'ils se sont rapprochés de l'antique, et qu'ils ont fait l'un et l'autre une étude particulière des formes nues. On peut dire que ces deux premiers statuaires de l'Italie moderne ont déshabillé les statues que l'Algarde, le Rossi et le Bernin avaient couvertes de draperies écrasantes, de lourds vêtements d'airain contourné ou de marbre volant. Ils ont aussi simplifié l'attitude et rejeté ces poses forcées que désavoue la nature, et que le génie seul de Michel-Ange a pu faire absoudre. Ils ont, de plus, renoncé généralement à faire du bas-relief un tableau avec clair-obscur, perspective fuyante, saillie exagérée et agrandissement calculé de certaines parties destinées à accroître ce qu'on appelle l'effet. En un mot, ils sont sagement rentrés dans les limites de la sculpture, qui a pour objet de reproduire les belles formes de la nature en les simplifiant pour les idéaliser, et non pas d'imiter seulement l'aspect des objets, ce qui est surtout du domaine de la peinture [7] ; le peintre, en effet, ne peut représenter que l'apparence de la forme, tandis que le sculpteur reproduit la forme elle-même. Enfin, Bartolini et Tenerani sont tous deux revenus à la simplicité des moyens, ce grand art des statuaires antiques.

Frédéric Mercey

Leurs ouvrages, cependant, ne sont pas toujours dégagés de certaines recherches dont Canova ne leur avait jamais donné l'exemple, et qu'on pourrait regarder comme des tentatives de retour vers l'école du siècle précédent ; ces tentatives, que nous ne regardons toutefois que comme des caprices, sont surtout sensibles dans leur façon de faire serpenter la ligne et flamboyer le contour. Il est tel de leurs bas-reliefs qui n'est pas non plus exempt de ce goût prétentieux, et l'on y retrouve quelquefois de ces recherches d'effet et de perspective que nous condamnions tout à l'heure. Nous nous rappelons particulièrement de grandes fabriques, vues d'angle, que Tenerani a placées dans l'une de ses compositions les plus considérables (non pas le bas-relief d'*Eudore*, qui, sous ce rapport, est irréprochable). Les lignes de ces fabriques qui fuient sont, sans nul doute, habilement dégradées, et cependant elles ne s'enfoncent pas au centre de la composition comme l'auteur l'aurait voulu. La dégradation des couleurs peut seule exprimer parfaitement cet effet, et c'est dans ces parties de l'art que la peinture a le pas sur la sculpture. Cette remarque confirme ce que nous avons dit plus haut, et prouve que toute recherche d'effet, de perspective ou de clair-obscur, sur une surface plane et de même couleur, ne peut aboutir qu'à des résultats incomplets. La perspective aérienne ne venant point en aide à la perspective linéaire comme dans la peinture, l'artiste se trouve avoir fait tout au plus une démonstration de perspective et nullement avoir fait de la perspective. Il faut donc laisser la sculpture du bas-relief en perspective au Bernin et à son école, qui essaya même de l'architecture en perspective, comme on peut le voir dans les singulières fenêtres de l'escalier du Vatican.

MM. Bartolini et Tenerani ont tous deux un assez beau talent pour avoir fait école ; nous avons vu un grand nombre d'ouvrages sortis de l'atelier de leurs élèves, mais, il faut le dire, la plupart de ces ouvrages nous ont paru d'une rare et désespérante médiocrité, et, ce qui est pis, d'une médiocrité léchée. On pourrait répéter à ces messieurs ce que Michel-Ange disait à Jean de Bologne : — Avant de chercher à finir, apprends à ébaucher.- La réplique du grand artiste à Vasari, qui se vantait, en lui montrant un de ses tableaux, d'y avoir mis peu de temps, s'appliquerait avec un égal à propos, aux prétentions de quelques-uns de ces ouvriers faciles. — Cela se voit ! pourrions-nous dire comme lui ; en effet, cela se voit beaucoup trop.

En France, la décadence de la statuaire s'annonce, comme chez les Romains et les Grecs, par l'invasion du grotesque ; l'apparition d'une armée de statuettes, où l'incorrection le dispute au ridicule et au mauvais goût, a perverti l'art en le popularisant. En Italie, cette décadence est amenée par l'abus de la facilité gracieuse et par le lâché habile. On adopte certaines formes de beauté conventionnelle, et pour simplifier les lentes études du modelé, on met de côté la nature, et l'on donne à toutes les formes quelque chose de souple et d'arrondi qui séduit le vulgaire, mais qui s'éloigne autant de l'idéal que de la vérité. Enfin on néglige absolument les détails, qui sont *laissés* et non cherchés, et qui, selon que l'artiste veut être gracieux ou énergique, semblent faits au moule ou à l'emporte-pièce.

Apelles disait qu'il avait un grand avantage sur Protogène, celui de savoir le moment où il fallait quitter son ouvrage. Les statuaires italiens, qui travaillent le marbre avec une si merveilleuse facilité, ne nous paraissent, eux, préoccupés que d'une seule idée : c'est de quitter leur ouvrage non pas quand il le faudrait, mais le plus vite qu'ils peuvent.

Notes

1.   Voici la curieuse statistique de cette exposition : quinze ou vingt Allemands, Saxons, Suédois, Prussiens, Suisses ou Hongrois, parmi lesquels le portraitiste suédois Sodermali, l'aquarelliste Mayer et l'Allemand Schubert, auteur du Bon Riche, méritent seuls une mention particulière ; trois Anglais ; un Français inconnu, les artistes français de quelque valeur qui habitent Rome s'étant abstenus ; une vingtaine d'Italiens des provinces, Piémontais, Padouans, Toscans, Bolonais, Génois et Napolitains, imitant les peintres de genre Léopold Robert et Horace Vernet, les peintres de portrait Kinson ou Dubufe, les peintres de paysage Gaspard Poussin ou Claude Lorrain, le plus grand nombre dénués de toute valeur et n'imitant personne ; enfin, les Romains Facetti et Castelli, qui en sont encore à pasticher Michallon ; Porcelli, qui voudrait imiter Granet, et Mmes Clelia Valeri, Bianca Festa et Enrichetti

Narducci, qui toutes trois font des copies sur porcelaine. Je demandai pourquoi les peintres d'histoire romains n'avaient rien envoyé à cette exposition. — « Par une raison bien simple, me répondit-on ; c'est qu'il n'y a pas de peintres d'histoire à Rome. Landi et Camuccini ont enterré la synagogue. »

2. Pendant l'été, on n'y laisse qu'un seul moine pour gardien ; cet homme communie et se confesse comme un condamné à mort. Rarement il passe la saison.

3. Il n'est pas jusqu'à Méhérnet-Ali, pacha d'Égypte, qui n'ait voulu contribuer pour sa part à la réédification de la basilique chrétienne ; les dernières nouvelles de Rome nous apprennent que le pacha vient de faire présent au pape de quatre belles colonnes de marbre égyptien, destinées à l'un des autels de Saint-Paul-hors-des-Murs.

4. La réduction du tombeau de M. N. de Demidoff, que Bartolini a envoyée cette année à l'exposition du Louvre, est un ouvrage d'une exécution précieuse, mais qui ne donne qu'une idée fort imparfaite du talent et de la manière du statuaire florentin.

5. L'église de Saint-François-de-Paule, cette misérable imitation de Saint-Pierre de Rome, que le feu roi a fait construire sur la place du palais. C'est là, dit-on, que sont placées les meilleures statues napolitaines modernes, et cet échantillon donne une bien triste idée du reste. La statue de saint Augustin tenant en main son traité de la Cité de Dieu et disputant contre les donatistes, de M. Tommaso Arnaud fait seule exception.

6. Ce groupe est placé aujourd'hui dans le Jardin du Peuple, à Vienne.

7. Un sculpteur qui veut rendre la couleur et l'effet commet le même contre-sens que ce peintre (Giorgione) qui voulait rendre la forme sous tous les aspects possibles à l'aide d'un seul personnage.

Il peignit un homme nu, vu de dos ; une nappe d'eau limpide s'étendait devant lui et réfléchissait le devant de la figure ; une cuirasse d'acier poli en faisait voir le côté gauche, et un miroir le côté droit.

« Très belle imagination, s'écrie Vasari, et qui prouve que la peinture a plus de moyens que la sculpture pour montrer tous les aspects de la nature dans une seule vue ! » (Vasari, Vie de

Giorgione.)

Très ridicule imagination, dirons-nous, et qui ne peut avoir pour résultat qu'un très désagréable tableau. Le peintre, d'ailleurs, n'avait nullement atteint son but, car il ne nous avait montré que quatre des aspects de la nature, et non pas tous ses aspects. Un tableau ne peut avoir qu'un seul point de vue, une statue a autant de points de vue qu'il y a de points dans l'espace.

ISBN : 978-1975711979

Frédéric Mercey

www.ingramcontent.com/pod-product-compliance
Lightning Source LLC
Chambersburg PA
CBHW050254230526
45470CB00005B/2262